AF298197

REVUE

DE

L'HISTOIRE DES RELIGIONS

PUBLIÉE SOUS LA DIRECTION DE

M. JEAN RÉVILLE

AVEC LE CONCOURS DE

MM. E. AMÉLINEAU, A. BARTH, R. BASSET, A. BOUCHÉ-LECLERCQ, J.-B. CHABOT, E. CHAVANNES, E. DE FAYE, G. FOUCART, A. FOUCHER, COMTE GOBLET D'ALVIELLA, I. GOLDZIHER, L. LÉGER, ISRAEL LÉVI, SYLVAIN LÉVI, G. MASPERO, ED. MONTET, P. OLTRAMARE, F. PICAVET, C. PIEPENBRING, ALBERT RÉVILLE, M. REVON, J. TOUTAIN, ETC.

Secrétaire de la Rédaction : M. PAUL ALPHANDÉRY.

L. J. DELAPORTE

NOMS THÉOPHORES EN ASSYRIE

A L'ÉPOQUE

DES SARGONIDES

PARIS

ERNEST LEROUX, ÉDITEUR

28, RUE BONAPARTE (VI^c)

1906

NOMS THÉOPHORES EN ASSYRIE

A L'ÉPOQUE DES SARGONIDES

———

Il n'est pas de période de l'empire d'Assyrie qui ait fourni plus de monuments que l'époque des Sargonides (VIIe s. av. J.-C.). Textes historiques, ventes d'esclaves ou de denrées, lettres, prêts d'argent,... documents authentiques de toutes sortes venus principalement de Khorsabad et de Koujundjik, permettent de pénétrer dans la vie sociale d'une nation à son apogée qui, après avoir dominé de l'Elam au Nil, allait elle-même bientôt disparaître sous l'invasion des Mèdes.

Au point de vue de l'onomastique, les petites tablettes découvertes par centaines semblent plus précieuses que les grandes inscriptions lapidaires : ce sont très souvent des contrats entre particuliers, datés et authentiqués par plusieurs témoins désignés par leur propre nom et celui de leur père ou d'un parent bien connu des contractants. Il en est qui, en quelques lignes contiennent jusqu'à plus de vingt noms, assyriens ou étrangers, appartenant à toutes les classes de la société, princes, grands dignitaires, juges, prêtres, soldats, commerçants, esclaves...

Il faut se garder toutefois de négliger les autres sources de renseignements, si l'on veut se rendre compte de l'importance que l'Assyrien, comme les autres Sémites, attachait au nom. C'était pour lui un synonyme d'existence. Veut-il marquer qu'à telle époque une chose n'était pas encore, il dira : cette chose n'avait pas d'appellation ; désire-t-il pour son ennemi un châtiment plus terrible que la mort, il priera les dieux d'anéantir le nom de son adversaire. Le changement de nom semble avoir été considéré comme une transformation, un renouvellement de l'être, une adaptation à de nou-velles fonctions, et surtout la destruction, l'annihilation de l'état antérieur. La Bible a conservé pour différents âges des traces de cet usage : Abraham s'était appelé Abram[1] ; Joseph devenu ministre du pharaon reçut un nom nouveau[2] ; pendant l'exil, des noms babyloniens furent imposés à certains Juifs[3]..... Les Sargonides ne se contentèrent pas de déporter les habitants des villes conquises, ils changèrent parfois les noms de ces villes et si, pour des raisons politiques, ils avaient cru devoir leur donner des gouverneurs autochtones, la mutation de leur propre nom suffisait à rappeler à ces gouverneurs qu'ils avaient perdu toute indépendance. Après la conquête de Kišešim, Harhar et autres lieux des confins de la Médie, Sargon les fit appeler Kar-Nergal, Kar-Šarrukin... Un texte historique d'Aššurbanipal rapporte qu'il établit vice-roi d'Athribis (Hathariba) « ša Limir-iššak-Aššur, qui s'appelle Limir-iššak-Aššur » un fils de Nechao (Nikû), vice-roi de Saïs, appelé Nabu-šezib-anni et l'on s'accorde généralement à reconnaître sous cette désignation assyrienne le personnage dePsammétique I.

L'Assyrie et la Babylonie presque constamment réunies sous un même sceptre, les deux nations avaient de fréquents rapports : il est souvent impossible de déterminer si tel nom propre est celui d'un Assyrien ou d'un Babylonien ; nous ne chercherons pas à faire cette distinction et appellerons *assyrien* tout nom dont les éléments sont empruntés à la langue commune aux deux peuples, tout dieu honoré à une époque quelconque dans les panthéons d'Assyrie ou de Babylonie.

Les noms d'hommes ont pour la plupart une signification accessible aux contemporains : ils sont formés ou d'un mot ayant par lui-même un sens complet ou de plusieurs termes

1) *Gen.*, xvii, 4.
2) *Gen.*, xli, 45.
3) *Gen.*, ii, 7.

composant une proposition ; mais la mêlée des peuples a introduit à Ninive de nombreux étrangers qui enrichissent l'onomastique d'éléments nouveaux le plus souvent empruntés à d'autres langues sémitiques : de là deux classes distinctes, les noms assyro-babyloniens et les noms étrangers. Les noms théophores peuvent se diviser en deux autres classes—qui sont à quelques différences près des subdivisions des précédentes — si au lieu de considérer la nature philologique de leurs éléments on s'attache au seul élément divin pour séparer les dieux assyro-babyloniens des divinités étrangères.

*
* *

Les noms théophores assyro-babyloniens répondent, d'après leur composition, à plusieurs types :

Une première catégorie comprend les trois termes d'une proposition : sujet, verbe, régime. La divinité joue d'ordinaire le rôle de sujet ; le verbe est au parfait, à l'impératif ou au participe, quelquefois au permansif, rarement à l'imparfait. Les noms royaux de Sennachérib (SIN A MULTIPLIÉ LES FRÈRES), Asarhaddon (AŠŠUR A DONNÉ UN FILS) Assurbanipal (AŠŠUR CRÉE UN FILS)... appartiennent à cette classe.

Une deuxième catégorie renferme un certain nombre de noms qui devraient comporter trois termes ; pour des raisons diverses, l'un d'eux a disparu. Dans *Šum-iddin* manque la divinité qui A DONNÉ LE NOM ; *Bêl-ahê* sollicite un verbe marquant un rapport entre le dieu Bêl et le substantif *ahê* FRÈRES, et l'esprit n'est pas plus satisfait par *Sin-iddin* = SIN A DONNÉ.

Au lieu d'un verbe substantif, la phrase formant le nom propre emploie parfois le verbe auxiliaire qui ne s'exprime pas en assyrien : cette combinaison donne des formules comme *Šamaš-nûri* = Š. EST MA LUMIÈRE, *Nâ'id-Nabû* = NABÛ EST AUGUSTE.

Enfin il arrive, très rarement d'ailleurs, qu'un homme

porte simplement le nom d'une divinité et s'appelle, par exemple, *Marduk*.

Ces noms théophores ne présentent pas la variété de composition que l'on pourrait tout d'abord supposer ; la théologie populaire semble avoir oublié les origines des dieux et le rôle particulier qui avait été assigné à chacun d'eux, pour réduire à quelques idées très générales les attributions des diverses divinités. Avant de noter les rares informations particulières à chacun des membres du panthéon assyro-babylonien, nous allons considérer l'ensemble des noms qui ne se différencient guère que par le choix du dieu : Adad, Aššur, Banîtum, Bau, Bêl, Bêlit, Gula, Dagan, Ea, Urkittu, Zamama, Hân, Ištar, Ištar bâbi, Marduk, Nabû, Nanâ, Nergal, Nusku, Ninip, Papsukal, Sin, Ramman, Šala, Šamaš, Tašmetum.

Placé sous la dépendance spéciale d'une divinité *Arad-Aššur* (*Banitum, Gula, Ea, Ištar, Nabu, Sin, Šamaš*) = SERVITEUR DE X ; *Ša-Ištar* (*Nabû Nergal*) = CELUI DE X ; *Kiçir-Aššur* (*Ištar, Nabu*) = PROPRIÉTÉ DE X ; *Kidin-Bêl* (*Marduk*) = CLIENT DE X ; — l'Assyrien pouvait la considérer comme son dieu propre ; *A dad* (*Aššur, Bêl, Ištar-bâbi, Nergal Ninip, Sin, Šamaš*)-*ilai* = X EST MON DIEU ; — en qui il pouvait se confier : *Adad* (*Aššur, Bêl, Nabû, Ninip, Šamaš*)-*taklak* ; *Taklak-ana-Bêl* = EN X JE ME CONFIE ; — parce que ce dieu était sa force : *Nabû* (*Nergal*)-*tuklatûa* = X EST MA FORCE ; *Qurdi-Adad* (*Ištar, Nergal*) = MA FORCE C'EST X ; *Muttakil-Marduk* = M. REND FORT.

Bienfaiteurs de leurs adorateurs : *Mušallim-Adad* (*Aššur, Ištar, Marduk*) = X FAIT PROSPÉRER ; *Adad* (*Nabu, Nergal, Šamaš*)-*ušallim* = X A FAIT PROSPÉRER ; — les dieux augustes : *Adad* (*Aššur, Bêl, Nabû, Ninip, Sin, Šamaš*)-*nâ'id* ; *Nâ'id-Adad* (*Ištar, Marduk*) = X EST AUGUSTE ; — étaient créateurs : *Aššur-bâni* = A EST CRÉATEUR ; *Aššur* (*Bêl, Nergal, Samaš, Ramman*)-*ibni* = X A CRÉÉ, du nom[1] *Bêl* (*Marduk*)-*šum-ibni*,

---

1) *Šumu*, le *nom*, est souvent synonyme de *fils*.

du fils, *Aššur (Nabû, Šamaš)-bân-aplu*, de la progéniture, *Gula (Marduk)-zêr-ibni*, des frères, *Nabû-ahê (ahi)-ibni*. — Ils faisaient croître : *Aššur (Bau, Bêl, Ištar bâbi, Marduk)-ereš*, le nom, *Bêl-šum-êreš*, les s, frère *Nabû-ahê (ahi)-êreš*, leurs frères, *Aššur-ahêšu-ereš*, la progéniture, *Gula-zêr-êreš*.

Ils donnaient et conservaient la vie : *Adad (Aššur, Bêl, Sin)-uballiṭ* = X FAIT VIVRE; *Nabû-balaṭsu-iqbi* = NABU A ORDONNÉ QU'IL VÉCÛT ; — aux hommes qu'ils augmentaient *Zamama (Ištar bâbi Marduk, Nabû, Ninip, Šamaš)-erba* = X A MULTIPLIÉ ; *Erba-Adad (Ištar)*, *Marduk (sin)-ahê-erba* = X A MULTIPLIÉ LES FRÈRES *Nabû erba-ahê (ahi, ahêšu)* ; — ils leur faisaient des dons *Adad (Bêl, Nergal, Nusku, Ninip, Sin, Šamaš)-iddin* = X A DONNÉ, leur accordant la vie *Šamaš-napišti-iddin*, un nom, *Adad (Bêl, Marduk, Nabû, Sin, Šamaš)-šum-iddin*, un fils, *Adad (Aššur, Bêl, Nabû)-apal-iddin Raman-nadin-aplu*, une postérité, *Bêl (Nabû, Šamaš)-zêr-iddin*, un frère, *Adad (Aššur, Bêl, Ištar-bâbi, Nabû, Ninip, Sin, Nergal)-ah-iddin Aššur (Nabû, Sin)-nadin-ahi*, des frères *Adad (Nabû)-ahê-iddin Aššur (Nabû, Sin)-nadin-ahê*, un maître *Nabû (Samaš)-bêl-iddin*.

On sollicitait leur miséricorde : *Adad (Aššur, Marduk, Nabû, Sin)-rimâni* = X, AIE PITIÉ DE MOI ! *Rimâni-Adad (Aššur, Bêl, Ištar, Marduk)* et ils l'accordaient *Rimût-Bau-(Bêl)* = OBJET DE LA MISÉRICORDE DE X.

On demandait leur tutélaire protection pour le père : *Adad (Aššur, Bêl, Marduk, Nergal, Sin, Šamaš)-ab-uçur* = X, PROTÈGE LE PÈRE ! le fils, *Adad-apal-uçur*, le frère, *Adad (Bêl Zamama, Nabû, Nergal, Ninip, Sin, Šamaš)-ah-uçur*, le maître *Adad (Aššur, Banitum, Marduk, Nusku, Nabû, Sin, Šamaš)-bêl-uçur*, le roi *Adad (Aššur, Marduk, Nabû, Nergal, Sin, Šamaš)-šar-uçur*, le pays, *Marduk (Ninip)-mât-uçur*, la forteresse, *Aššur (Nabû)-dûr-uçur*, le nom *Adad (Aššur, Marduk, Nabû, Nergal, Šamaš)-šum-uçur*, les œuvres et la voie de leurs serviteurs, *Nabû-rihitum-uçur Ninip-kibsi-uçur*. Quelqu'un s'appelle *Šamaš-kênis-uçur* = S. PROTÈGE FIDÈLEMENT.

D'autres portent les noms de *Adad* (*Aššur, Nabû, Nergal, Nusku, Bêl, Sin, Samaš*)*-nâçir* = X EST PROTECTEUR.

Leur ombre *Çil-Aššur* (*Bêl, Marduk, Sin*) était bonne *Ṭâb-çil-Ištar* (*Marduk*) et leur soufle vivifiant *Šâr Ištar*, bienfaiteur *Ṭabšâr-Aššur* (*Ištar, Sin*).

Peu fixé sur les processions divines, l'Assyrien se persuadait volontiers que son dieu était le premier *Adad* (*Bêl, Nabû, Nergal, Sin*)*-ašaridu*, le souverain des dieux ; *Aššur-bêl-ilâni Aššur-eṭil-ilâni Nabu-šar-ahêšu Nabu-šar-ilâni sin-šar-ilâni*. Il lui attribuait tout honneur, toute puissance, se confiait en lui et en attendait une efficace protection.

ADAD

Nous lisons ainsi les noms divins [ilu]U (plus souvent U sans le déterminatif) et [ilu]NI (assyr. IM) réservant la lecture Rammân pour l'écriture phonétique.

Nous avons déjà vu *A-ilai*; *A-taklak*; *Qurdi-A*; *Mušallim-A*; *A-ušallim*; *A-nâ'id*; *Nâ'id-A*; *A-uballit*; *Erba-A*; *A-iddin*; *A-šum* (*apal, ah, ahê*) *-iddin*; *A-rimâni*; *Rimâni-A*; *A-ab* (*apal, ah, bêl, šar, šum*)*-uçur*; *A-naçir*; *A-ašaridu*.

Il jouait un rôle dans les oracles *Summa-A* = A FIXE (LES DESTINS).

Dieu de la pluie bienfaisante, il faisait pousser la verdure : *A-mušeçi* = A EST PRODUCTEUR ; mais c'était aussi le dieu du tonnerre, et on l'implorait *Silim-A* = SOIS MISÉRICORDIEUX, A ! A ce dieu guerrier, il appartenait de détruire : *Uqur-A* = DÉTRUIS, ô A ! ou, en d'autres circonstances, de venir en aide : *A-riçûa* = A EST MON SECOUREUR ; *A-milki* = A EST MON CONSEIL ; *Itti-A-aninu* = NOUS SOMMES AVEC A ; *Kibit-A* = ORDRE D'A.

C'était un dieu incomparable : *Mannu-ki-A* = QUI EST COMME A ?

AŠŠUR

Dieu d'une bourgade située non loin du confluent du Tigre et du petit Zab, Aššur devint plus tard la principale divinité de l'empire dont cette petite ville fut la première capitale.

Son nom s'écrit phonétiquement Aš-šur, sans le déterminatif divin, et parfois A-šur. A partir du règne de Sennachérib, on le trouve aussi représenté idéographiquement par le signe ŠAR précédé du déterminatif, ce qui rappelle l'AN-ŠAR du poème de *la Création* ; mais, à l'époque des Sargonides, ce groupe désigne le grand dieu de l'Assyrie, qu'il se nommât réellement Aššur ou que cette appellation fût un qualificatif qui s'était substitué au véritable nom du dieu.

A-ilai ; *Arad-A* ; *Kiçir-A* ; *Mušallim-A* ; *A-mušallim-šunu* (*ahê*) ; *A-nâ'id* ; *A-bâni* ; *A-ibni* ; *A-bân-aplu* ; *A-êreš* ; *A-ahêšu-êreš* ; *A-uballit* ; *A-apal* (*ah*)-*iddin* ; *Ass-nadin-ahi* (*ahê*) ; *A-rîmâni* ; *Rîmâni-A* ; *A-ab* (*bêl*, *šar*, *dûr*, *šum*)-*uçur* ; *A-naçir* ; *Çil-A* ; *Tab-šar-A* ; *A-bêl* (*etil*)-*ilâni* sont déjà notés. Parmi ces noms, nous remarquons ceux de trois rois : *Assurbanipal*, son père *Assarhaddon* et son fils et successeur *Aššur-etil-ilâni* — et de cinq personnages qui ont exercé les fonctions du *limmu* : *Tab-šar-A* ; *A-bâni* ; *A-naçir* ; *A-ilai* ; et *A-dûr-uçur*.

En 1725 le *limmu* fut exercé par *A-gârûa*, dont le nom se retrouve dans la forme complète *A-gârûa-niri* = A, SUBJUGUE MES ENNEMIS !

Dieu bienveillant, *A-damiq* = A EST BIENVEILLANT, et protecteur, *A-gâmilia* = A EST MON PROTECTEUR ; Aššur est fort, *A-li'u*, et communique sa force : *A-udannin-aplu* = A. A FORTIFIÉ LE FILS. En lui on se fie, *A-natkil* = EN A AIE CONFIANCE ! *A-etir*, *A-etiranni* = A., SAUVE-MOI ! ; — on lui demande justice : *A-daninani* = A., RENDS-MOI JUSTICE ; *A-danin-šarri* = A., RENDS JUSTICE AU ROI !, parce que c'est un excellent conseiller : *Milki-A* = MON CONSEIL, C'EST A. Et sous

sa protection on ne craint rien *A-ittia* = A est avec moi ; *A-rê'*
sunu = A est leur pasteur ; *Dûr-A* = A est une forteresse.

BAU

Le nom de cette déesse (*ilu*Ba-ú), très honorée des popu-
lations primitives de la Chaldée, se retrouve dans *B.-éreš* et
Rimût-B. déjà signalés.

BANITUM

Dans *Arad-*ilu *Ba-ni-tú* = serviteur de la déesse Banitum.

BEL

|*Kidin-B* ; *B-taklak* ; *Taklak-ana-B* ; *B-nâ'id* ; *B-*
ibni ; *B-šum-ibni* ; *B- éreš* ; *B-šum-éreš* ; *B-uballiṭ* ; *B-iddin* ;
B-šum (apal, zér, ah)-iddin ; *Rimâni-B* ; *Rimût-B* ; *B-ab (ah)*
uçur ; *B-naçir* ; *Çil-B* ; *B-ašaridu*.

Le nom de cette divinité s'écrit très fréquemment sans le
déterminatif ; il est quelques cas où l'on ne saurait distinguer
si l'on est en présence d'un nom propre théophore ou
d'un nom composé avec le substantif commun *bélu*, maître.
Les scribes assyriens se permettaient d'ailleurs de graves
licences d'écriture, et l'on trouve, par exemple, dans un
texte d'Assurbanipal[1] l'apposition *Aššur, seigneur des dieux*
rendue par *ilu*Aššur *ilu*EN-LIL-LAL *ilâni* [Aššur, dieu Bêl
des dieux (sic)] au lieu de *ilu*Aššur EN *ilâni*, seule manière
correcte, si l'on veut employer l'idéogramme EN.

On désire voir ce dieu : *B.-lâmur* = que je voie B ! souverain, *B-etilli*, fort, *B-li'u*, qui sauve, *B-eṭir* = B, sauve !
et regarde volontiers ses dévots : *B-emuranni* = B m'a

—————
1) K 2867, l. 4.

REGARDÉ. C'est un lamassu, un génie protecteur : *Lamaŝŝi-B.* = B EST MON LAMASSU ; une lumière ; *B-nûri* = B EST MA LUMIÈRE ; une forteresse, *B-dûri*, une montagne, *B-ŝadûa*.

Le *limmu* de 696 fut exercé par *Ṭâb-B.* = B EST BON. Celui de 705 par Upahhir-B. = B a fortifié.

Dans le nom à forme araméenne *Abdi-B* = SERVITEUR DE B entre primitivement en composition la divinité Bêl de Harran plutôt que la divinité assyro-babylonienne. Nous avons par ailleurs l'exemple de *Bêl-Harran-ŝadûa* dont le nom s'écrit parfois *Bêl-ŝadûa*.

BELIT

La parèdre de Bêl ne paraît guère que dans des noms de femmes. Cependant nous trouvons un homme appelé *B-uzala*. Une esclave se nomme *B[NIN-LIL]-ummi* = B EST MA MÈRE ; une fiancée d'après son contrat de mariage répond au nom de *B[NIN-LIL]-haçina*. Dans le même texte *Iŝdi-B[NIN-LIL* = B EST MON FONDEMENT ; ailleurs *B-ittia* = B EST AVEC MOI et *Çali-[EN-TU]*.

Arad-B[NIN-LIL] est le nom d'un fils de Sennachérib.

GULA

C'est un jour de fête de la déesse Gula, qu'Assurbanipal fut associé par son père à l'empire, le 12 Aiaru 668.

Des témoins portent les noms de *G[GU-LA]-zer-êreŝ*, *G[ilu MAMA]-zêr-ibni*, *Arad-G. [ilu GULA]*.

Noms de femmes : *G[GU-LA]-kaŝdu*, *G[ilu GU-LA]-rimat*.

DAGAN

Le culte de ce dieu, très ancien en Assyrie, existait encore à l'époque de Sargon qui le mentionne parmi ses divinités protectrices, mais il devait avoir à peu près disparu.

Comme nom propre composé avec Dagàn, je ne connais que *Dagan-milki* = D. EST MON CONSEIL. Dans un cas, en 687, le nom divin s'écrit *Da-ga-na*; dans l'autre, en 710, *Da-gan*.

EA

Arad-Ea (*ilu* = SERVITEUR D'EA).

URKITTU

Plusieurs femmes portent des noms théophores composés avec Urkittu.

Urkit-ilai = U. EST MA DIVINITÉ; *Urkit-išmeani* = U. M'A ÉCOUTÉ; *Urkittu-rimat* = U. EST MISÉRICORDIEUX; *Urkittu-le'at* = U EST FORTE; *Urkittu-dûri* = U EST MA FORTERESSE; *Urkittu-abu-uçur* = U. PROTÈGE LE PÈRE!

Dans tous les cas, sauf le dernier, le scribe a écrit le déterminatif divin devant Urkit ou Urkittu qui n'est pas le nom, mais seulement un qualificatif d'une déesse.

ZAMAMA

Zamama-erba se rencontre plusieurs fois. *Z-éreš* et *Z-ah-uçur* ont déjà été signalés.

HAN

Han[HA-AN]-ah-lišir = ô HAN, QUEL FRÈRE PROSPÈRE!

IŠTAR

Les textes historiques mentionnent plusieurs Ištar qui semblent avoir été primitivement des divinités distinctes : Ištar de Chaldée et Ištar d'Assyrie; Ištar de Ninive et Ištar d'Arbèles… Les noms théophores ne semblent pas renfermer ces distinctions, du moins n'avons-nous trouvé que des noms composés avec *Ištar* et *Iştar-bâbi* qui fait l'objet de la section suivante.

Arad-I; *Qurdi-I*; *Nâ'id-I*; *Kiçir-I*; *Sa-I*; *I-éreš*; *Rimâni-I*; *Mušallin-I*; *Šar-I*; *Erba-I* ont déja été notés.

Cette déesse souveraine, *I-bélti*, incomparable : *Mannuki* = QUI EST COMME I? qui était descendue aux enfers et en était revenue vivante, faisait revivre les mots : *I-mîtu-uballit.* On désirait la voir : *Iâmur-I* = QUE JE VOIE I, se trouver devant elle : *Pan-I*, car elle était pour ses dévots une forteresse : *I-dûri* = I EST MA FORTERESSE et leur fondement : *Išdi-I* = I EST MON FONDEMENT. Elle donnait de bons conseils : *I-milki* = I EST MON CONSEIL. En elle, on cherchait du secours : *Qurdi-I* = I EST MA FORCE. Déesse de la fécondité : *Zér-I* = PROGÉNITURE D'I, c'était aussi une divinité guerrière qui protégeait le pays : *I-dûr-qali* = I A INSPECTÉ LA FORTERESSE. *La-tubašâni-I* signifie NE ME FERAS-TU PAS ÈTRE, ô I?

ISTAR-BABI

Plusieurs noms commencent par Ištar-Bâbi. Doit-on voir dans cette expression un nom particulier d'Ištar? Ne vaut-il pas mieux y reconnaître la déesse Bau??

IB-sapi, d'apparence étrangère se rencontre avec *IB-éreš*, *IB-ah-iddin*, *IB-ilai* et *IB-erba* que nous avons signalés précédemment.

MARDUK

Le grand dieu de Babylone entre dans la composition, de *Muttakil-M*, *Mušallin-M*, *Nâ'id-M*, *M-šum (zér)-ibni*, *M-éreš* *M-erba*, *M-ahé-erba*, *M-rimâni*, *Rimâni-M*, *M-ab (bêl, šâr, mât, šum)-uçur*, *M-šum-iddin*, *Cil-M*, *Ṭâb çil-M*, *Kidin-M*.

M-dan signifie M EST JUGE.

NABU

Le dieu de la sagesse, Nabû, est celui qul se rencontre le plus fréquemment dans les noms théophores à l'époque des Sargonides.

Arad-N, Ša-N, Kiçir-N, N-taklak, N-tûklatûa, N-ušallim, N-nâ'id, N-bân-aplu, N-ahé-ibni, N-baṭaṭu-iqbi, N-erba, N-erba-ahé (ahi, ahêšu), *N-šum* (apal, zêr, bêl, ah, ahé)-*iddin, N-nadin-ahê, N-rîmâni, N-ah* (bêl, šar, dûr, šum, rihitum)-*uçur, N-naçir, N-ašaridu, N-šar-ahêšu* (ilâni).

Nabû est une lumière brillante, *N-nûru-namir*, un dieu fort, *N-li'u*, qui bat les ennemis, *N-sakip*, et délivre ses dévots, *N-mušezib, N-šezib-anni* = N. DÉLIVRE-MOI! *N-eṭir, N-eṭir-anni* = N, SAUVE-MOI!

Il prend soin des forteresses : *N-dûrqala* = N INSPECTE LA FORTERESSE.

Il établit les frères, *N-ukin-ahé*, le nom, *N-šum-ukin* (iš-kun) et fait prospérer : *N-zêr-keniš-lišir* = ô N, QUE LA POSTÉ-RITÉ PROSPÈRE FIDÈLEMENT! Il est juge. *N-dan.*

Le *limmu* de 704 fut exercé par *N-dîni-epiš* = N. A RENDU LE JUGEMENT.

NANA

Une fille, objet de vente dans un contrat daté de 681, s'appelle *Nana-ušahši* = N. A FAIT ÊTRE, nom dans lequel entre en composition la déesse d'Uruk dont la statue prisonnière en Elam depuis plus de seize siècles fut ramenée triomphalement par Assurbanipal, après le sac de Suse.

NERGAL

Après la prise de Kišešim, Sargon dédia cette ville à Nergal en l'appelant *Kar-Nergal.* Son successeur Sennachérib lui bâtit, à Tarbisi, un temple que restaura Assurbanipal.

Aucun nom propre ne donne de caractéristique spéciale à cette divinité pour laquelle nous avons relevé les formes suivantes : *Ša-N*; *N-tuklatûa*; *Qurdi-N*; *N-qardu*; *Dannu-N*; *N-ušallim*; *N-ibni*; *N-iddin*; *N-ab* (*ah, šar, šum*)--*uçur*; *N-naçir*; *N-ašaridu*; *Dan-N*; *N-dan*; *N-eṭir*.

NUSKU

Le messager des dieux, Nusku, est cité dans les textes de Sargon et d'Assurbanipal.

Il entre dans la composition de quelques noms propres : *N-ilai*; *N-bêl-uçur*; *N-iddin*; *N-naçir*; *N-êmuranni*; *Išdi-N*.

NINIP

Dieu de la chasse et dieu de la guerre, Ninip semble peu souvent appelé à entrer dans la composition des noms d'hommes.

En 711, le *limmu* fut exercé par *N-alik-pani* = *N. marche en avant*. Citons encore : *N-ilai*; *N-ahu* (*kibsu, mât*)-*uçur*; *N-nâ'id*; *N-taklak*; *N-iddin*; *N-ah-iddin*; *N-erba*.

PAPSUKAL

Lamassi-Papsukal = PAPSUKAL EST MON LAMASSU (génie protecteur).

SIN

Arad-S; *S-ilai*; *S-nâ'id*; *S-uballiṭ*; *S-ahê-erba*; *S-iddin*; *S-šum* (*ah*) *iddin*; *S-nadin-ahi* (*ahê*); *S-rîmâni*; *S-ah* (*ah, bêl, šar*)-*uçur*; *S-nâçir*; *Çil-S*; *Ṭâb-çil-S*; *Ṭâb-Šâr-S, S-ašaridu*; *Sin-šar-ilâni* ont déjà notés.

Sin-šar-iškun = SIN A ÉTABLI LE ROI est le nom d'un des derniers Sargonides; *Sin-zaqip* signifie *S réconforte*.

RAMMAN

Nous avons donné la lecture Adad aux idéogrammes U et NI, ne réservant la lecture Ra-man que pour les noms théophores où l'écriture est phonétique : Raman-ibni, Raman-nadin-aplu, Raman-raba.

ŠALA

A la fin de sa campagne victorieuse en Babylonie, en 689, Sennachérib ramena en Assyrie la statue de Šala, emmenée en captivité 418 ans plus tôt par Marduk-nadin-ahê. Le nom de cette déesse entre dans la composition de *Š-belitšunu* = S EST LEUR SOUVERAINE.

ŠAMAŠ

Arad-Š, Š-ilai, Š-taklak; Š-ušallim; S-na'id; S-ibni; Š-bân-aplu; Š-erba; Š-iddin; Š-napišti (šum, zér, bêl)-iddin; Š-ab (ah, bêl, šar, šum, keniš)-uçur; Š-naçir.

Le *limmu* de 669 fut exercé par *Š-kašid-aibi* = Š VAINC MON ENNEMI, celui de 708 l'avait été par *Š-upahhir*.

Šamaš, dieu du soleil, est une lumière : *Nûr-Š*; *S-nûri* = Š EST MA LUMIÈRE; il est pasteur : *Š-ré'ua* = Š EST MON BERGER et père : *Š-abua* = Š EST MON PÈRE. C'est un dieu fort, *S-li'u*, qui donne des ordres : *Š-iqbi* = S A PARLÉ.

Š-aali est de formation étrangère.

TAŠMETUM

Nous ne savons comment expliquer *Unzarhi-Tašmetum* dans lequel entre le nom de la déesse épouse de Nabu.

A cette liste de noms théophores il convient d'ajouter certains noms dans la composition desquels entre l'élément *ilu*

DIEU, que par cette expression l'Assyrien voulût désigner une divinité particulière ou la divinité en général, ou l'un des éléments *šarru* = ROI; *abu* = PÈRE; *ahu* = FRÈRE, qui dans un grand nombre de cas sont des qualificatifs divins.

Ilu-ab-erba; *I-éreš*; *I-nâ'id*; *I-nâçir*; *I-rimâni*; *I-li'u*; *Iluka-naçir*; *Šarru-emuranni*; *Š-ilai*; *Š-ibni*; *Š-ittia*; *Š-na'id*; *Š-rê'ua*; *Š-šum-ukin*; *Abu-lišir*; *Abi-lâmur*; *Ahi-lârim*; *Ahu-lâmur*; *A-éreš*; *A-ilai*; *A-li'u*; *A-nûri*; *A-milki*; *A-bâni*; *A-dûri* ressemblent à plusieurs des expressions les plus répandues parmi celles que nous avons consignées précédemment. Des noms comme *Šarru-ilai*, *Ahu-ilai*, ne peuvent s'expliquer que par ŠARRU EST MON DIEU, AHU EST MON DIEU. N'avons-nous pas d'ailleurs les noms *Bél-ilâni-milki* = LE SEIGNEUR DES DIEUX EST MON CONSEIL, *BI-šar-uçur* = Ô SEIGNEUR DES DIEUX, PROTÈGE LE ROI!

Et si nous voulions être absolument complet, ne négliger aucune manifestation de la pensée religieuse, il nous faudrait noter toute une série de noms qui n'ont aucune apparence théophore et qui pourtant renferment virtuellement un nom de divinité : certains temples, certaines villes, des rivières, des arbres et mainte autre chose étaient vénérés, soit que l'on vît en eux des divinités secondaires, soit plutôt qu'on leur attribuât un génie protecteur auquel s'adressaient les hommages. Au temps de Hammurabi, en Babylonie, très fréquents étaient les noms de cette sorte; à l'époque des Sargonides l'Assyrie eu donne encore des exemples bien moins nombreux, mais caractéristiques : citons le *limmu* de 716 exercé par *Ṭâb-çil-Ešarra* = BONNE EST LA PROTECTION DU TEMPLE EŠARRA. Une lettre adressée au roi Assurbanipal par Nabu-ušabši[1] débute par une formule curieuse qui prouve la persistance de l'attribution d'un génie protecteur à certains lieux : « Que la ville d'Uruk et le temple Eanna soient propices au roi des pays, mon seigneur » et le scribe d'ajouter aussitôt : « Chaque jour je prie Ištar d'Uruk et Nana (la déesse de l'Eanna) pour la vie du roi mon maître.

1) *K* 514.

*
* *

Les dieux étrangers au panthéon assyro-babylonien forment en général des noms de personnes qui ne ressemblent guère à ceux que nous avons vus précédemment.

Les premiers se composaient volontiers de trois mots, ceux-ci auront une apparence plus simple et le seul élément s'ajoutant au nom du dieu sera tiré de la langue du peuple qui vénérait cette divinité.

A cette règle il y a des exceptions — nous avons reconnu le dieu assyrien *Šamaš* dans *Šamaš-aali*, nous trouverons un dieu de Harran dans *Si'-dur-ukin* — et ces exceptions s'expliquent par les relations fréquentes à cette époque entre l'Assyrie et les autres nations sémites, par les guerres heureuses suivies de l'établissement de colonies assyriennes, par les déportations qui transplantèrent des familles entières et même tous les habitants de certaines villes conquises. Si d'aucuns restaient attachés à leurs coutumes et conservaient même dans le nom de leurs enfants le souvenir de la patrie lointaine, d'autres s'adaptaient plus ou moins à de nouvelles mœurs. Dans une vente d'esclaves de l'an 680, le père *Usi'* porte le nom juif Osée, la mère et les enfants ont aussi des noms complétement étrangers, sauf un seul fils *Bél-Harran-taklak*, probablement né en Mésopotamie dans un milieu fortement assyrianisé.

Il est difficile de déterminer l'origine des noms théophores étrangers et d'en expliquer le sens : la plupart semblent araméens et se retrouvent, à la même époque, quant à leurs éléments, dans le district de Harran.

Les divinités non-autochtones qui entrent dans la composition de ces noms sont : *Aa, Au, Aguni, Azuzi, Adunu, Ata, Atar, Bél* de Harran, *Haldi, Horus, Már, Náshu, Samuna, Samsi, Si', Sinnur* et *Sér*.

AA

La déesse *Aa* (AA), honorée à Babylone au temps de Hammourabi comme épouse de Šamaš, ne semble pas être entrée dans le panthéon assyrien. Elle forme des noms araméens ou d'apparence assyrienne : *Arad-A* = SERVITEUR DE A ; *A-turi* = A EST MA FORTERESSE ; *A-amme*, *A-enû*, *A-melunu*, *A-ahê*, *A-iddin*.

A U

La divinité *Au* (*AU*, [ilu] *AU*) forme quelques composés : *A-ilai*, *A-idri*, *A-killâni*, *A-ba'di*.

AGUNI

En 697, un témoin de vente d'esclave porte le nom araméen *Abba-[ilu]-Aguni* = MON PÈRE, C'EST AGUNI.

AZUZI

En 686, un autre témoin s'appelle *Abdi-[ilu]-Azuzi* = SERVITEUR D'AZUZI.

ADUNU

Ce nom rappelle l'expression employée en hébreu pour signifier *maître* et les noms propres bibliques composés avec *Adoni*.

Aduna-iz et *Aduna-izi* remémorent l'Adonis des Grecs. *Aduni-ba'al* semble purement phénicien; *Adunu-mât-uçur*, *Aduni-nadin-aplu* paraissent assyriens; *Aduni-iha* et *Aduni-turi* sont araméens.

ATA

Ata-suri et *Ata-idri* se trouvent en Assyrie ; le dernier se rencontre aussi dans le district de Harran.

ATAR

Comme le précédent, ce dieu forme un nom d'homme par l'adjonction de *suri*. Un esclave vendu en 697 s'appelait *A-hamu*. Plusieurs fois on rencontre *A-qamu*.

BEL de Harran.

Cette divinité locale (EN-KAS) entre dans la composition de quelques noms qui ont une formation assyrienne : *BH-sadûa, BH-ab (ah, sar)-uçur, BH-uballiṭ, BH-dûri, BH-tak-lab, BH-itliâ, BH-kuçuranni*. Les éléments de ces noms sont déjà expliqués.

HALDI

Le dieu araméen *Haldi* paraît dans *Haldi-ilai*.

HORUS

La divinité égyptienne *Horus* forme-t-elle des noms portés en Assyrie à l'époque des Sargonides? D'aucuns le pensent, d'autres le contestent.

MAR

Ce nom s'écrit par le signe MAR idéogramme de *narkabtu* = CHARIOT DE GUERRE, par l'idéogramme de *mâru* = FILS et phonétiquement *ma-ar*. Dans aucun cas, il ne s'est présenté avec le déterminatif de la divinité. Cependant des noms tels que *M-suri, M-bï di, M-aplu-iddin* invitent à le considérer comme le terme araméen qui répond adéquatement à l'assyrien *Bêl*.

En 683, Si'-ma'di achète trois esclaves étrangers dont *M-sete'*

Plus tard, l'année même de l'avènement d'Assurbanipal, en 668, le *limmu* fut exercé par *M-larim*, que l'on trouve dans certaines tablettes sous les formes *Mari-larim, Mar-la-rimme* et *Mar-la-ar-me*.

NAŠHU

Ce dieu se trouve dans plusieurs noms du district de Harran où il avait un temple. En Assyrie, *N-azli* est témoin d'un prêt d'argent vers 646.

SAMUNA

L'Ešmun des Phéniciens, phonétiquement écrit sans le déterminatif divin dans *Samuna-iatuni*, se trouve vers la même époque à Harran dans *S-aplu-iddin*.

SAMSI

Samsi est la forme araméenne de l'assyrien Šamaš.

Vers 731 un certain *Abdi-Samsi* fait un emprunt d'argent. En 686, un témoin porte le nom de *Mar-Samsi* = LE SEIGNEUR, C'EST ŠAMAŠ.

SI'

Sous les formes *Si*, *Si'*, *Sé*, très rarement précédées du déterminatif divin, ce dieu de Harran entre dans la composition de nombreux noms :

Si'-banik=S. EST TON CRÉATEUR ; *Si'-nûri* = S EST MA LUMIÈRE *Si-dûri* = S EST MA FORTERESSE ; *Si'-turi* = S EST MA MONTAGNE ; *Si'-dalâ, Se-dalâ, Si'-imme* = S EST CHALEUR ; *Si'aali, Si'-hutni, Si'-qatar, Si'-qitri Si' (Sé)-hân, Si'hari, Sé-hazâ, Sé-iate, Sé-ime, Sé-seki, Sé-sakâ, Si'gabbari, Si-gaba, Si'-zabadi.*

SI-MUR

Le dieu SI-MUR (HAR) se trouve dans *Abdi-SI-MUR*.

SER

Dans *Šer-idri*, le nom divin s'écrit *še-ir* ; ailleurs c'est [ilu]BU, par exemple dans *Š-ilai, S-iqbi, Š-nûri, Š-šéri.*

Angers. — Imp. A. BURDIN et Cᵒ, 4, rue Garnier.